BEI GRIN MACHT SICH IHR WISSEN BEZAHLT

AF137174

- Wir veröffentlichen Ihre Hausarbeit,
  Bachelor- und Masterarbeit

- Ihr eigenes eBook und Buch -
  weltweit in allen wichtigen Shops

- Verdienen Sie an jedem Verkauf

**Jetzt bei www.GRIN.com hochladen
und kostenlos publizieren**

Die Bedeutung von NoSQL-Datenbanken. Merkmale und Entstehungshintergründe

Fabian Schnabel

Schnabel, Fabian

Assignment

Die Bedeutung von NoSQL-Datenbanken – Merkmale und Entstehungshintergründe

Studiengang: Wirtschaftsinformatik - Bachelor of Science (B. Sc.)

Modul: Nicht-Standard-Datenbanken (DBA62)

Datum: 04.03.2023

Bibliografische Information der Deutschen Nationalbibliothek:

Die Deutsche Nationalbibliothek verzeichnet diese Publikation in der Deutschen Nationalbibliografie; detaillierte bibliografische Daten sind im Internet über http://dnb.d-nb.de abrufbar.

ISBN: 9783346837707
Dieses Buch ist auch als E-Book erhältlich.

© GRIN Publishing GmbH
Nymphenburger Straße 86
80636 München

Druck und Bindung: Books on Demand GmbH, Norderstedt Germany
Gedruckt auf säurefreiem Papier aus verantwortungsvollen Quellen

Das Buch bei GRIN: https://www.grin.com/document/1337722

Inhaltsverzeichnis   Seite

I

Abbildungsverzeichnis

1 Einleitung

1.1 Begründung der Problemstellung

Der Trend zu immer größer werdenden Datenmengen entwickelte sich bereits zu Beginn der 1960er Jahre. Infolgedessen wurde die Entwicklung von neuartigen Datenbanken vorangetrieben um den Anforderungen an eine effiziente und integre Datenverwaltung gerecht zu werden. Mittlerweile sind Datenbanken in nahezu allen Branchen vertreten und stellen dabei den strukturierten Zugriff auf Daten sicher. Mit der Etablierung des Internets sind die zu verwaltenden Datenmengen nochmals stark angestiegen und auch die Ansprüche an bestehende Datenbankmodelle wurden dadurch stark beeinflusst. Folglich sind modernere Konzepte vonnöten um eine hocheffiziente Verwaltung von Informationen zu gewährleisten. Besonders die Vervielfältigung von Datenbeständen, auch Replikation genannt, spielt eine zunehmend wichtigere Rolle. In Kombination mit neuen Techniken zur Speicherung sind hierauf ausgerichtete Datenmodelle unabdingbar. Für die Lösung dieser neu entstandenen Problemstellung werden immer häufiger NoSQL-Datenbanken in Betracht gezogen, da sich aus deren Einsatz, insbesondere bezüglich der verteilten Datenhaltung, wesentliche Vorteile ergeben.[1]

1.2 Aufbau und Zielsetzung der Arbeit

Das Ziel der vorliegenden Arbeit besteht darin die Bedeutung von NoSQL-Datenbanken hervorzuheben und dabei auf Merkmale und Hintergründe für die Entstehung einzugehen.

Zuerst werden die Grundlagen bezüglich NoSQL-Datenbanken geklärt. Anschließend folgt die Aufführung der Entstehungsgründe dieses Datenbanktyps mit einer nachfolgenden Beschreibung der untergeordneten Kategorien. Im weiteren Verlauf werden NoSQL-Datenbanken von relationalen Ansätzen abgegrenzt. Der Abschluss der theoretischen Grundlagen erfolgt mit einer Gegenüberstellung der Vor- und Nachteile beim Einsatz von NoSQL-Ansätzen. Nach der Erläuterung der theoretischen Grundlagen erfolgt die Aufführung konkreter Beispiele ausgewählter NoSQL-Kategorien unter Berücksichtigung des jeweiligen Anwendungsbereiches. Am Schluss wird eine Dokumentation der wichtigsten Ergebnisse der Arbeit, gefolgt von einer kritischen Würdigung, dargestellt.

---

[1] vgl. Schicker (2017), S. V, 12, 308

Tabellenverzeichnis

2   Theoretische Grundlagen und Begriffsdefinitionen

2.1   Definition NoSQL-Datenbank

Grundsätzlich erfüllen Datenbanken den Zweck eine zusammenhängende Menge an Daten unter-einander logisch in Beziehung zu setzen und mit Hilfe eines Datenbankmanagementsystems, kurz DBMS, zu verwalten. Dabei greifen alle Endbenutzer, und somit auch die Anwendungspro-gramme, über dieselbe Schnittstelle auf die Daten zu. Am weitesten verbreitet sind relationale Ansätze, die jedoch in Bezug auf neuartige Trends wie Big Data oder Echtzeitanwendungen an ihre Kapazitätsgrenzen stoßen. Nicht-relationale Ansätze, welche auch *NoSQL* oder *Not only SQL* genannt werden, verwenden dabei neuartige Datenschemata zur Speicherung der Daten und wer-den infolgedessen den modernen Anforderungen an Datenbanksysteme bezüglich Ausfallsicher-heit und Geschwindigkeit gerecht.

Charakteristisch für NoSQL-Datenmodelle sind dabei die nachfolgenden sechs Aspekte. Das Datenbanksystem muss die Replikation der Daten, sowie den Mehrbenutzerbetrieb, unterstützen. Weiterhin darf das verwendete Datenbanksystem keinem festen Schema unterliegen und auch kei-nem relationalen Grundsatz folgen. Verteilte Web-Anwendungen sind einer der Hauptgründe für die Entstehung von nicht-relationalen Datenbanken wodurch die Kompatibilität mit Client-Server-Modellen unbedingt vorausgesetzt wird. Letztendlich muss das Datenbanksystem in der Lage sein große Datenmengen verwalten zu können, flexible Strukturen zu verfügen und sehr schnelle Zu-griffszeiten gewährleisten zu können, was auch mit *3V* für dessen englische Begriffe abgekürzt wird.

Derzeit existieren ungefähr 200 verschiedene NoSQL-Produkte, welche grob in vier verschie-dene Kategorien unterteilt werden (siehe Kapitel 2.3). Größtenteils handelt es sich dabei um Open-Source Varianten, welch den Quellcode frei für jede Person verfügbar machen.[2] [3]

2.2   Entstehungsgründe

Moderne und anspruchsvolle Systeme in Echtzeitumgebungen, sowie über das Internet verteilte Anwendungen und umfangreiche unstrukturierte Datenmengen, wie sie innerhalb von Big Data

---

[2] vgl. Schicker (2017), S. 1ff.
[3] vgl. Weber/Gabriel/Lux/Menke (2022), S. 153 ff.

vorkommen, benötigen eine weitaus leistungsfähigere, flexiblere und zuverlässige Datenverwaltung als relationale Ansätze sie liefern können. Diese neue Situation definiert die Ansprüche an ein DBMS komplett neu und benötigt daher zur Bewältigung der daraus resultierenden Probleme anderweitig strukturierte Daten.

Vor allem in Bezug auf stark verteile Webanwendungen, welche eine hohe Verfügbarkeit fordern, sollten NoSQL-Technologien zum Einsatz kommen, da sich diese selbst in einer verteilen Datenhaltung wiederfinden und dadurch strukturelle Vorteile entstehen. Unter anderem werden die in den nicht-relationalen Datenbankmanagementsystemen enthaltenen Replikationsmechanismen angewendet um dieser speziellen Anforderung gerecht zu werden.

Weiterhin stehen simultane Verfahren zur Auswertung ausgesprochen großer Datenmengen zur Verfügung, welche die Geschwindigkeiten für Zugriffs- und Schreibvorgänge drastisch verkürzen können und somit eine performante Rechnerarchitektur gewährleisten. In Umgebungen wie Big Data sind diese Datenbanktypen daher unerlässlich.

Das Thema der Konsistenz, also der Korrektheit der Daten, ist eine Kernfrage, wenn es um Datenbanken in verteilten Rechnernetzen geht. NoSQL-Datenbanken bieten hierfür flexibel unterschiedliche Konzepte zur Wahrung der Konsistenz an. Jedoch muss dabei das *CAP-Theorem* beachtet werden, was aussagt, dass „...in einem massiv verteilten Datenhaltungssystem jeweils nur zwei Eigenschaften aus den drei der Konsistenz (C), Verfügbarkeit (A) und Ausfalltoleranz (P) garantiert werden können."[4] So kann je nach Einsatzgebiet, und damit Strenge der Anforderung an das DBMS, eine schwache Konsistenz, die kurzzeitige Inkonsistenzen bei Änderungen auf replizierten Knoten erlaubt, oder eine starke Konsistenz, welche zu jedem Zeitpunkt die Korrektheit der Daten gewährleistet, implementiert werden. Weitere Optionen zur Differenzierung sind möglich.[5]

2.3 Kategorisierung von NoSQL-Datenbanken

NoSQL-Systeme werden im Wesentlichen in vier verschiedene Untergruppen eingeordnet. Dazu zählen *Key-Value Stores*, *Column Family Stores*, *Document Stores* und *Graphdatenbanken*. Jeder der vier aufgezählten Typen besitzt bestimmte Vorteile bezüglich der zu verarbeitenden Volumina und Komplexität der Daten. Wird die Reihenfolge der eben aufgeführten Aufzählung betrachtet

---

[4] Meier (2016), S. 34
[5] vgl. Fasel/Meier (2016), S. 11 - 13

nimmt grundsätzlich die Optimierung für große Datenvolumina von der ersten zur letzten Nennung stetig ab, während dagegen die Daten- und Zugriffskomplexität steigt.

Der am wenigsten komplexe NoSQL-Datenbanktyp sind *Key-Value Stores*. Auf Tupel können aufgrund der einfachen Datensatzstrukturierung extrem schnell Lese- und Schreibvorgänge ausgeübt werden, was das Arbeiten mit großen Datenmengen begünstig. Diese Struktur beinhaltet eine Kombination aus einem eindeutigen Schlüssel, welcher in Verbindung mit Werte-Paaren steht. Innerhalb der Key-Value Stores kann zudem eine Unterscheidung hinsichtlich der verteilten Speicherung der Daten im Hauptspeicher oder auf externen Medien vorgefunden werden.

Column Family Stores ähneln von allen NoSQL-Datenbanktypen am stärksten dem relationalen Ansatz, da sie Datensätze in multidimensionalen Maps abspeichern. Die Inhalte dieser Maps folgen einem vordefinierten Tabellenschema in Form von Schlüssel-Werte Paaren. Der Zugriff erfolgt über einen eindeutigen Schlüssel, der bei Column Family Stores aus einem Reihenschlüssel, Kolonnenschlüssel und Zeitstempel besteht. Außerdem können zu jedem Zeitpunkt weitere Attribute zu den bereits in den Maps bestehenden Eigenschaften hinzugefügt werden. Darüber hinaus ist die Möglichkeit gegeben, dass Tupel unterschiedliche Spaltenfamilien umfassen, wodurch diese Datenhaltung von einer hohen Flexibilität gekennzeichnet ist. Column Families fassen immer mindestens eine Kolonne zusammen und sorgen dadurch für mehr Performance in Bezug auf Datenanalysen.

Wenn schemalose und teilstrukturierte Dokumente, welche komplexe Datenstrukturen abbilden, skaliert organisiert werden ist von *Document Stores* die Rede. Das Ziel ist eine flexible Verwaltung von Anwendungsdaten für beispielsweise Webanwendungen oder soziale Netzwerke. Hierfür kommt unter anderem das JSON-Format als Dokumentenart zum Einsatz. Der Zugriff auf Dokumente erfolgt erneuert mit einem eindeutigen Schlüssel, den jedes Dokument besitzt. Der Rest des Dokuments kann sich jedoch stark von anderen Dokumenten unterscheiden. Mittels einfacher, mengenorientierter Abfragesprachen, die jeder Document Store zur Verfügung stellt, kann der Zugriff auf die Daten erfolgen. Dabei wird durch die Verwendung einer Indexierung die Performance von Datenbankoperationen stark erhöht.

Für die komplexesten Datenmengen werden häufig *Graphdatenbanken* verwendet. Durch das von den anderen Typen abweichende Datenspeicherungskonzept können komplizierte und umfangreiche Beziehungen, und somit Zusammenhänge, effizient ohne exponentielle Zuwächse, wie sie bei relationalen Datenbankmodellen vorkommen, organisiert werden. Dies erfolgt über soge-nannte Knoten und Kanten, wobei Knoten Entitäten und Kanten Beziehungen darstellen. Es ergibt sich somit eine Abbildung, die einem Graphen ähnlichsieht. Die Speicherung der Inhalte erfolgt über verschachtelte Listen, welche es den Knoten ermöglichen jederzeit Informationen über seine Nachbarn und dessen Beziehungen in Erfahrung zu bringen. Erfolgt die Abfrage eines Wertes durch die zur Verfügung gestellten Abfragesprache der Datenbank wandert das DBMS durch den Graphen und ermittelt so den entsprechenden Eintrag.[6][7]

2.4 Abgrenzung von relationalen Ansätzen zu NoSQL-Datenbanken

In einem traditionellen Datenbanksystem, das einem relationalen Ansatz folgt, werden die vorlie-genden Daten eindimensional in Tabellen organisiert. Diese Tabellen, die auch Relationen heißen, werden nach bestimmten Regeln normiert und durch Fremdschlüssel miteinander in Beziehung gesetzt. Durch die Verwendung der Normierungen kann die Konsistenz und eine redundanzfreie Speicherung der Daten zu jedem Zeitpunkt gewährleistet werden. Als Abfragesprache steht die Structured Query Language, kurz SQL, zur Verfügung. Sie ist eine deskriptive Sprache zum Be-schreiben, Ändern und Abfragen der in der relationalen Datenbank enthaltenen Datensätze. An-wender und Anwendungen greifen über die Structured Query Language auf die Datenbank zu, wodurch sich unter anderem eine vollständige Separierung der Datenbank zu allen anderen im Gesamtsystem enthaltenen Komponenten ergibt. Mehrere Nutzer können dabei gleichzeitig ohne Einschränkungen auf das Datenbanksystem zugreifen.

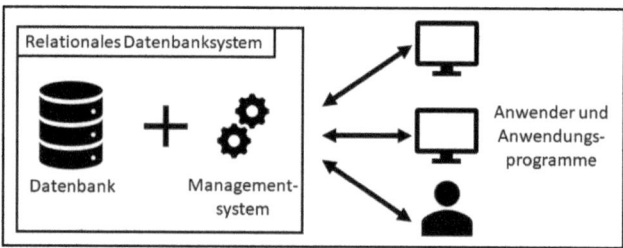

Abbildung 1: Architektur eines relationalen Datenbanksystems[8]

---

[6] vgl. Rahm/Saake/Sattler (2015), S. 35 f.
[7] vgl. Fasel (2016), S. 113 ff.
[8] ähnlich: Meier (2018), S. 10

NoSQL-Datenbanksysteme werden gegensätzlich zu relationalen Datenbanken nicht in integrierten Systemen, wie zum Beispiel ERP-Systemen, vorgefunden sondern kommen in Bereichen zum Einsatz, die eine verteilte Datenhaltungsarchitektur fordern. Daher begünstigt ein nicht relationales Datenbankmodell eine stark verteilte Architektur und wird entsprechend der individuellen Kategorie (siehe Kapitel 2.3) definiert. Es ist speziell auf Anwendungsfälle wie beispielsweise Big Data oder verteilte Webanwendungen zugeschnitten. Nicht fixe, verteilte Datenbankschemata, welche die neuartigen Anforderungen an das Verwalten von großen Datenmengen mit flexiblen Strukturen in Echtzeit erfüllen können, kommen dabei zum Einsatz. Zudem bietet das Datenbankmanagementsystem im Bereich NoSQL Datenreplikationsverfahren zur Erhöhung der Verfügbarkeit an, was innerhalb der SQL-Datenbanksysteme kein Hauptkriterium ist. Beide Methoden erlauben den Mehrbenutzerbetrieb, wobei für NoSQL-Systeme zudem unterschiedliche Konsistenzbedingungen gewählt werden können. Diesbezüglich muss für ein NoSQL-Datenbanksystem unterschiedlich zu einem relationalen Datenbanksystem, das zu jedem Zeitpunkt durch die ACID-Konsistenzbedingungen konsistente Zustände gewährleistet, das CAP-Theorem in Betracht gezogen werden. Es muss sich für zwei der drei Datenbankkonditionen Konsistenz, Verfügbarkeit und Ausfalltoleranz entschieden werden.[9] [10]

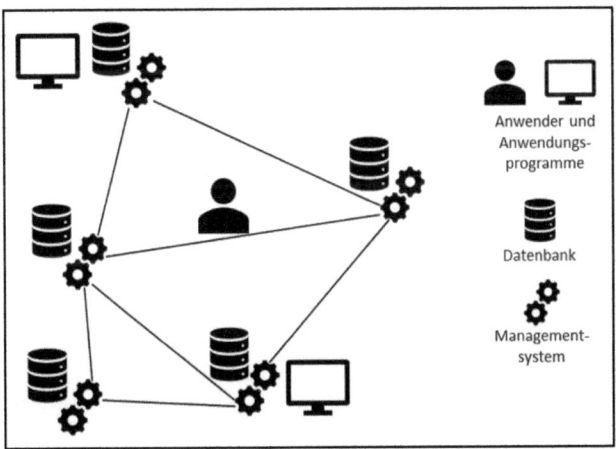

Abbildung 2: Architektur eines NoSQL-Datenbanksystems[11]

---

[9] vgl. Meier (2018), S. 9 - 12
[10] vgl. Gehring/Gabriel (2022), S. 827 ff.
[11] ähnlich: Meier (2018), S. 11

2.5 Gegenüberstellung der Vor- und Nachteile beim Einsatz von NoSQL

NoSQL-Datenbanken bringen bei dessen Einsatz im Vergleich zu SQL-Datenbanken zahlreiche Vorteile, sowie auch Nachteile, mit sich. Dabei ist bezüglich der nachfolgenden Aspekte zu beachten, dass mehrere NoSQL-Kategorien mit individuellen Eigenschaften existieren und die unterschiedlichsten Anwendungsfälle vorliegen können, welche die Sichtweise eines Punktes als Vor- oder Nachteil beeinflussen kann. Zu einem Vorteil zählt unter anderem eine wesentlich schnellere Einrichtung des Systems in Kombination mit einer einfachen Verwaltung der Datenbanksysteme. Durch den Verzicht auf SQL sind keine komplexen Abfragen nötig. Daneben wird die hohe Skalierbarkeit der NoSQL-Systeme als ein weiterer Vorteil gesehen, welche vorrangig bei großen, unstrukturierten Datenmengen zum Tragen kommt. Gerade bei verteilten Webanwendungen oder Big Data kommen relationale Systeme an ihre Grenzen. Letzteres geht zudem mit einer hohen Flexibilität einher, die sich aus den nicht fixen Datenschemata der NoSQL-Datenbanksysteme ergibt.

Als Nachteil kann die Einhaltung der Konsistenz genannt werden. Durch das CAP-Theorem (siehe Kapitel 2.2) muss sich für zwei der drei Eigenschaften bezüglich Konsistenz, Verfügbarkeit und Ausfalltoleranz entschieden werden, was je nach Anwendungsfall zu teils inkonsistenten oder redundanten Daten führen kann. Zudem führt der Verzicht auf SQL als Kommunikationssprache zwischen Anwender und Datenbank zu einem deutlichen Mehraufwand und erhöhten Komplexität in der Anwendungsentwicklung.[12] [13]

	SQL-Datenbanksystem	NoSQL-Datenbanksystem
Verwaltungsaufwand	Hoch	Wenig
Flexibilität	Niedrige Anpassungsfähigkeit durch fixe Schemata in Form von verknüpften Relationen	Hoch durch nicht fixe Datenschemata
Skalierbarkeit	Niedrig	Sehr hoch
Konsistenz	Gewährleistet volle Konsistenz zu jedem Zeitpunkt	CAP-Theorem kann zu teils inkonsistenten Daten führen

Tabelle 1: Vor- und Nachteile von NoSQL-Datenbanken im Vergleich mit SQL-Datenbanken[14]

---

[12] vgl. Lechtenbörger/Vossen (2016), S. 221 f.
[13] vgl. Leimeister (2021), S. 160 f.
[14] Eigendarstellung

3 Darstellung von Beispielen ausgewählter NoSQL-Kategorien und Spezifizierung der individuellen Anwendungsbereiche

3.1 Redis (Key-Value Store)

Einer der bekanntesten Key-Value Store Vertreter ist *Redis*. Diese Datenbankart speichert die Daten in einer Schlüssel Werte-Paar Struktur und verfügt dabei über sehr kurze Lese- und Schreibzeiten. Redis besitzt den Vorteil seine Objekte hauptsächlich In-Memory zu halten, diese jedoch zusätzlich dauerhaft auf einer Festplatte ablegen zu können. Persistent deponierte Daten sind zudem manipulierbar. Durch diese Eigenschaften ist Redis weniger beschränkt bezüglich der Größe von Schlüsseln und kann komplexere Strukturen wie Hashes verarbeiten. Da diese Datenbankart jedoch nicht als vollwertige Datenbank angesehen werden kann beschränkt sich das Einsatzgebiet lediglich auf Zwischenspeicher oder einfache Datenstrukturen, wie sie im Web vorkommen.

Als Beispiel für einen speziellen Anwendungsfall von Redis kann wie eben erwähnt eine Webapplikation mit einem hohen Besucheraufkommen genannt werden. Während beim Einsatz eines relationalen Datenbankmodells auf der Speicherungsebene jede HTML-Seite beim Aufruf neu mit den Daten aus der Datenbank konstruiert werden muss, und folglich erhebliche Zeitaufwände entstehen, verfolgt Redis eine andere Herangehensweise. Wurde die Webseite für neue Inhalte noch nicht generiert wird diese erstmalig erzeugt, an den Client gesendet und zudem im Redis Store zwischengespeichert. Hierfür erfolgt die Speicherung des Inhalts der URL als Schlüssel in Kombination mit dem HTML-Text als Wert. Redis prüft anschließend bei jedem Aufruf, ob die angefragten Daten bereits existieren und liefert diese im Falle einer positiven Antwort schlicht aus. Falls nicht erfolgt wiederum eine neue Erzeugung und Speicherung. Dieselbe Prüfung geschieht außerdem beim Ändern von Daten, wobei die Daten anschließend je nach Sachverhalt entweder manipuliert oder gelöscht werden. Durch diesen Mechanismus kann eine wesentliche Performancesteigerung der Speicherschicht erreicht werden.[15]

3.2 HBase (Column Family Store)

Datenbankschemata von Column Family Stores ähneln am meisten dem relationalen Ansatz. Dementsprechend sind auch bezüglich der *HBase*, oder im langen Format Hadoop Database, alle Tupel

---

[15] vgl. Fasel (2016), S. 113 - 115

in Tabellen gespeichert, welche wiederrum aus Spalten und Zeilen bestehen. Weitere Gemeinsamkeiten sind jedoch nicht vorhanden. Somit existieren auch keine relationalen Datenbankmechanismen, wie die referentielle Integrität oder Transaktionen.

Auf die Datenbank wird über ein Application Programming Interface, kurz API, zugegriffen, welches Java verwendet, oder mittels weiterer Protokolle wie *REST* oder *Thrift*. Logischerweise kommt kein SQL zum Einsatz. Prinzipiell stehen die vier Befehle *Put, Get, Scan* und *Delete* zur Datenverwaltung bereit. Jede Spalte und Zeile haben jeweils einen eindeutigen Schlüssel, über welche präzise Zugriffe ermöglicht werden. Außerdem existiert für jede Zelle eine Versionierung über drei Stufen, welche unter Verwendung eines *timestamps* den Zugang zu früheren Attributwerten erlaubt.

Durch den Einsatz eines *Region Servers* wird die geforderte Skalierbarkeit erreicht. Dieser verteilt die einzelnen Tabellen in bestimmte Regionen und hilft den Anwendern und Anwendungsprogrammen die Daten schnell und zuverlässig zu finden. Clientseitig wird dabei eine Karte der vorhandenen Regionen für spätere Zugriffe erstellt.

In Bezug auf konsistente Datenbestände unterscheidet sich die HBase von anderen NoSQL-Datenbanken. Zuerst kann eine strikte Konsistenz beim Modifizieren erreicht werden, indem der Region Server exakte Zuordnungen der Tabellen führt. Ein weiteres Merkmal sind atomare Zeilenoperationen, welche sicherstellen, dass ganze Zeilen immer komplett oder überhaupt nicht modifiziert werden.

Als letzte Eigenschaft sind noch Spaltenfamilien zu erwähnen, welche charakteristisch für Column Family Stores sind. Diese unterstützen analytische Datenbankabfragen, indem Spalten so gruppiert werden, dass im Falle eines Zugriffs nur die erforderlichen Daten bestimmter Spalten ausgelesen werden.

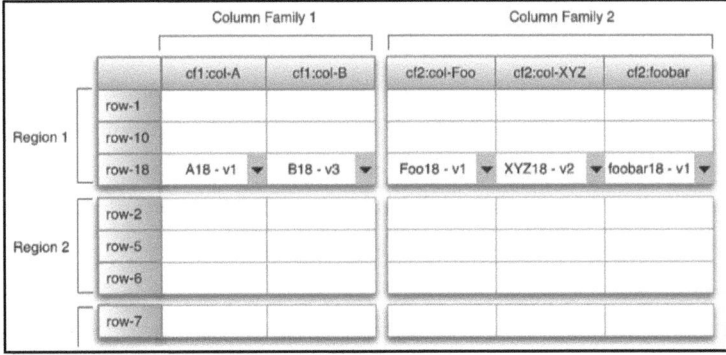

Abbildung 3: Strukturierung der Datenspeicherung in HBase[16]

Beispielhaft für einen realen Anwendungsfall kann die HBase als Datenbasis für Indexsuchmaschinen wie Google genannt werden. Aufgrund der hohen Modifikationsrate von Datensätzen und dem schnellen Wachstum des Datenbestands innerhalb der Suchmaschine, bei Beachtung des sich ständig wandelnden Internets, wurde ein Family Column Store wie die Hadoop Database eingesetzt. Somit kann die Skalierbarkeit in Kombination mit performanten Operationen garantiert werden. [17]

3.3 MongoDB (Document Store)

Die grundlegende Datenstruktur der *MongoDB* besteht aus Sammlungen oder Collections von JSON-Dokumenten, wobei *JSON* für *JavaScript Object Notation* steht. Sammlungen beinhalten dabei eine beliebige Anzahl an Dateien, welche unterschiedlich strukturiert sein können, jedoch anlässlich einer funktionalen Verwaltung im besten Fall ein gleiches Grundgerüst aufweisen sollten. Aus diesem Aspekt ist die Datenstrukturierung daher keinem festen Schema untergeordnet. Weiterhin können Anwendungsprogramme, welche die MongoDB nutzen, gleichzeitig auf mehrere Collections zugreifen. Transaktionen für Zugriffe auf Dateien werden dabei automatisch realisiert, insofern dies nicht für mehrere Dokumente benötigt wird.

Durch die Verwendung von JSON-Dokumenten können zusammenhängende Inhalte für Mensch und Maschine lesbar und somit nutzbar gemacht werden. Dabei gibt es keine Unterschei-

---

[16] entnommen aus: George (2013), Onlinequelle
[17] George (2013), Onlinequelle

dung von Datentypen. Es müssen lediglich die Regeln der Syntax eingehalten werden. Ein klassisches Dokument dieser Art ist baumartig konstruiert und fasst durch den Einsatz von geschweiften Klammern Inhalte als Key-Value Paare zusammen, wobei die aufgeführten Keys Attribute darstellen, welche über einen Doppelpunkt mit dessen Attributwerten verknüpft sind. Die MongoDB fügt dabei jedem neu erzeugten Dokument ein Attribut mit der Bezeichnung *id*, welches aus 24 Hexadezimalen Zeichen besteht, hinzu, damit jede einzelne Datei auch über die Grenzen eines Rechnernetzwerkes eindeutig identifiziert werden kann. Zudem wird aus Performancegründen bezüglich der Zugriffszeit ein Index erstellt, welcher auf dem letztgenannten Attribut beruht.

```
{ "name": "Tony Stark",
  "alter": 42,
  "firma": { "name": "Stark Industries",
             "ort": "New York, N.Y"
  },
  "freunde":["Steve Rogers", "Bruce Banner"]
}
```

Abbildung 4: Aufbau eines JSON-Objekts in der MongoDB[18]

Die Daten werden im sogenannten BSON-Format, was für *Binary JSON* steht, abgespeichert. Infolgedessen sind die Dokumente weiterhin als lesbare JSON-Dokumente verfügbar, werden jedoch aus Gründen der Speichereffizient seriell in der Datenbank angelegt.

Wird mit der MongoDB produktiv gearbeitet stehen mehrere Möglichkeiten zur Verwaltung für Anwender bereit. Die Datenbank selbst stellt eine Konsole zur Verfügung, welche das Absetzen von Datenbankbefehlen mittels JavaScript erlaubt. Weiterhin können spezielle Entwicklungsumgebungen wie NetBeans, nach der Installation von spezifischen MongoDB-Plugins, für die Datenverwaltung verwendet werden. Hierbei stehen grafische Elemente für eine benutzerfreundliche Verwaltung bereit.

Gerade in der Softwareentwicklung kann die MongoDB sehr vielseitig eingesetzt werden. Durch die Integration von JavaScript, C#, PHP, Python, und weiteren Programmiersprachen ist diese Datenbankart häufig die erste Wahl als Bibliothek zum Ablegen von Dokumenten. Dabei wird die Datenbank oft fest in die Softwareumgebung eingebunden.[19]

---

[18] entnommen aus: Kleuker (2016), S. 304
[19] vgl. Kleuker (2016), S. 303 ff.

3.4 Neo4j (Graphdatenbank)

Graphdatenbanken bieten gegenüber relationalen Ansätzen zahlreiche Vorteile, wenn es um die Datenverwaltung von komplexen Daten geht. Durch die effiziente Strukturierung der Daten und den dazugehörigen Beziehungen, können hinsichtlich der Performance deutliche Vorteile gegenüber SQL-Datenbanken erreicht werden. Zudem ist diese Datenbankart sehr agil in der Verwaltung neuer und bestehender Daten und ist weiterhin aufgrund der im DBMS verfügbaren Funktionen für Systeme mit hohen Anforderungen an die Verfügbarkeit geeignet. Neo4j als konkretes Datenbankmodell ist dabei die am weitesten verbreitete Graphdatenbank.

Die Modellierung findet anhand eines ausgesprochen schlichten Schemas von Knoten, welche Entitäten darstellen, und Kanten, die Beziehungen widerspiegeln, statt. Eine grobe Konzeption der Inhalte auf einem Whiteboard in Form des Datenbankmodells bietet sich daher aufgrund der direkten Übertragbarkeit an. Beziehungen sind gerichtete Pfeile mit beliebig vielen spezifischen Eigenschaften aber nur einer Bezeichnung. Entitäten hingegen können mehrere Bezeichnungen und Eigenschaften, beziehungsweise Attribute, besitzen. Diese Attribute werden als Key-Value Paare festgelegt. Auf diese Art und Weise kann eine grafische Darstellung komplexer zusammenhängender Daten erfolgen.

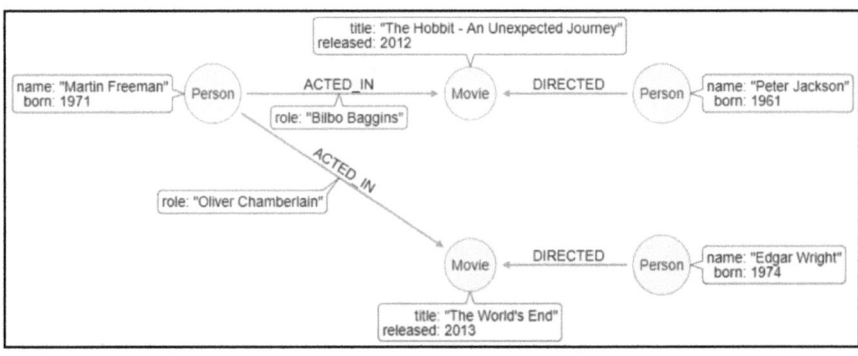

Abbildung 5: Darstellung eines Datenschemas in Neo4J bezüglich eines Spielfilms[20]

Zum Abfragen der Daten aus der Datenbank stellt Neo4J die deklarative Abfragesprache *Cypher* zur Verfügung. Sie ist stark an SQL angelehnt und kann gezielt bestimmte Bezeichnungen

---

[20] entnommen aus: Sanayei (2018), Onlinequelle

und Eigenschaften ausgeben. Auch verschachtelte Abfragen für komplexe Sachverhalte sind möglich. Hierfür stehen bestimmte sprachspezifische Stichwörter, wie zum Beispiel *match*, oder weitere Funktionen bereit. Knoten werden dabei in runden Klammern und Kanten in eckigen Klammern mit einem gerichteten Pfeil dargestellt. Die Ausgabe kann entweder als grafischer, selektierter Bereich des Gesamtgraphen oder als Tabelle erfolgen. Weiterhin besteht die Möglichkeit neue Daten einzufügen, bestehende zu modifizieren oder zu entfernen.

```
MATCH (martin:Person)-[:ACTED_IN]->(martinMovies:Movie)
WHERE martin.name = "Martin Freeman"
RETURN martin, martinMovies;
```

Abbildung 6: Beispielabfrage von Daten einer Person in Neo4J mit Cypher[21]

Zum Einsatz kommt Neo4J vor allem im Bereich von Big Data. Dabei spielen Agilität und Performance bei derartig großen und unstrukturierten Datenmengen eine entscheidende Rolle. Zusätzlich ist ein weiterer Anwendungsbereich die Betrugserkennung. Herkömmliche Ansätze arbeiten nach schlichten Checklisten, welche jedoch meist nicht miteinander in Beziehung stehen. Diese Problemstellung wird durch die stark miteinander vernetzte Datenstruktur von Neo4J gelöst. So kann unter anderem bei mehreren verdächtigen Zahlungsvorgängen unterschiedlicher Konten mit EC-Karte ein Zusammenhang zwischen diesen aufgrund übereinstimmender Attribute erkannt werden. Konkret deutet dies, dass ein Angreifer durch das Erkennen der gleichen IP-Adresse in der Kommunikation als suspekt eingestuft werden kann.[22] [23]

4 Schluss

4.1 Zusammenfassung

Das Ziel des Assignments war die Darstellung der Bedeutung von NoSQL-Datenbanken unter Berücksichtigung der Merkmale und Entstehungsgründe. Zusammenfassend hat sich aus der Arbeit ergeben, dass die Grundlagen zu nicht-relationalen Datenbanken detailliert erläutert, Entstehungsgründe aufgeführt und anhand der vier ausgewählten Praxisbeispiele effektiv in konkrete Anwendungsfälle übertragen werden konnten.

---

[21] entnommen aus: Sanayei (2018), Onlinequelle
[22] Sanayei (2018), Onlinequelle
[23] Korolov (2020), Onlinequelle

13

Zuerst wurden die Grundlagen in Bezug auf NoSQL-Datenbanken erläutert. Dabei wurde eine Definition für NoSQL-Systeme abgegeben, sowie auf deren Entstehungsgründe und Kategorisierungen eingegangen. Zudem erfolgte eine klare Abgrenzung von relationalen zu nicht-relationalen Ansätzen unter Berücksichtigung der jeweiligen Merkmale mit einer anschließenden Gegenüberstellung der Vor- und Nachteile beider Datenbanktypen.

Mit der Ausführung der vier konkreten Praxisbeispiele wurden die gelernten Grundlagen angewendet. Jedes der ausgewählten Beispiele stammt aus einer eigenen NoSQL-Kategorie. Dabei erfolgte eine Vorstellung jedes Datenbankmodells, sowie die Spezifizierung auf einen expliziten Anwendungsfall.

4.2   Kritische Würdigung

Der begrenzte Umfang des vorliegenden Assignments war ausschlaggebend dafür, dass bestimmte Aspekte nur teilweise angeschnitten oder überhaupt nicht diskutiert wurden. Jedoch konnte die Erreichung des definierten Ziels der Arbeit dennoch sichergestellt werden.

Gerade bezüglich der Vor- und Nachteile würde eine noch differenzierte Sichtweise bezüglich des jeweiligen Anwendungsfalls zu deutlich präziseren Entscheidungen hinsichtlich des geeigneten Datenbanksystems führen. Folglich könnte dadurch eine deutliche Risikominimierung angesichts fehlerhaft eingesetzter Systeme in den individuellen Anwendungsfällen erreicht werden. Weiterhin sollte die Einbeziehung weiterer Unterkategorien von NoSQL-Datenbanken bei der Abwägung in Betracht gezogen werden.

Die konkrete Ausführung der Praxisbeispiele hätte in einer detaillierteren Weise erfolgen können, was zu mehr Klarheit bei der Einordnung in eine NoSQL-Kategorie und folglich Auswahl für reale Anwendungsfälle geführt hätte. Zudem konnte aufgrund der Begrenzung des Umfangs lediglich ein Anwendungsfall pro Beispiel spezifiziert werden.

Literaturverzeichnis

Fasel, Daniel (2016): Übersicht über NoSQL-Technologien und -Datenbanken, in: Fasel, Daniel/Meier, Andreas (Hrsg.): Big Data – Grundlagen, Systeme und Nutzungspotenziale (E-Book: pdf-Dokument), Wiesbaden, S. 109 - 138.

Fasel, Daniel/Meier, Andreas (2016): Was versteht man unter Big Data und NoSQL?, in: Fasel, Daniel/Meier, Andreas (Hrsg.): Big Data – Grundlagen, Systeme und Nutzungspotenziale (E-Book: pdf-Dokument), Wiesbaden, S. 3 - 16.

Gehring, Hermann/Gabriel, Roland (2022): Wirtschaftsinformatik (E-Book: pdf-Dokument), Wiesbaden.

George, Lars (2013): HBase – NoSQL-Lösung mit großer Zukunft, https://entwickler.de/datenbanken/hbase (Zugriff am 01.03.2023).

Lechtenbörger, Jens/Vossen, Gottfried (2016): NoSQL, NewSQL, Map-Reduce und Hadoop, in: Gluchowski, Peter/Chamoni, Peter (Hrsg.): Analytische Informationssysteme – Business Intelligence-Technologien und -Anwendungen (E-Book: pdf-Dokument), 5. vollständig überarbeitete Auflage, Berlin Heidelberg, S. 205 - 224.

Kleuker, Stephan (2016): Grundkurs Datenbankentwicklung – Von der Anforderungsanalyse zur komplexen Datenbankanfrage (E-Book: pdf-Dokument), 4. Auflage, Wiesbaden.

Korolov, Maria (2020): Drei Anwendungsfälle für Graphdatenbanken, https://www.computerweekly.com/de/feature/Drei-Anwendungsfaelle-fuer-Graphdatenbanken (Zugriff am 03.03.2023).

Leimeister, Jan Marco (2021): Einführung in die Wirtschaftsinformatik (E-Book: pdf-Dokument), 13. aktualisierte und überarbeitete Auflage, Wiesbaden.

Meier, Andreas (2016): Datenmanagement mit SQL und NoSQL, in: Fasel, Daniel/Meier, Andreas (Hrsg.): Big Data – Grundlagen, Systeme und Nutzungspotenziale (E-Book: pdf-Dokument), Wiesbaden, S. 17 - 38.

Meier, Andreas (2018): Werkzeuge der digitalen Wirtschaft: Big Data, NoSQL & Co. – Eine Einführung in relationale und nicht-relationale Datenbanken (E-Book: pdf-Dokument), Wiesbaden.

Rahm, Erhard/Saake, Gunter/Sattler, Kai-Uwe (2015): Verteiltes und Paralleles Datenmanagement – Von verteilten Datenbanken zu Big Data und Cloud (E-Book: pdf-Dokument), Berlin Heidelberg.

Sanayei, Shahin (2018): Neo4j – Ein Einblick in die Welt der Graphdatenbanken, https://www.adesso.de/de/news/blog/neo4j-ein-einblick-in-die-welt-der-graphdatenbanken.jsp (Zugriff am 03.03.2023).

Schicker, Edwin (2017): Datenbanken und SQL – Eine praxisorientierte Einführung mit Anwendungen in Oracle, SQL Server und MySQL (E-Book: pdf-Dokument), 5. aktualisierte und erweiterte Auflage, Wiesbaden.

Weber, Peter/Gabriel, Roland/Lux, Thomas/Menke, Katharina (2022): Basiswissen Wirtschaftsinformatik (E-Book: pdf-Dokument), 4. aktualisierte und erweiterte Auflage, Wiesbaden.

BEI GRIN MACHT SICH IHR WISSEN BEZAHLT

- Wir veröffentlichen Ihre Hausarbeit,
  Bachelor- und Masterarbeit

- Ihr eigenes eBook und Buch -
  weltweit in allen wichtigen Shops

- Verdienen Sie an jedem Verkauf

Jetzt bei www.GRIN.com hochladen
und kostenlos publizieren